ED.PERELLÓ

LLIBRES
ACADÈMICS

AF237815

CURIOSIDADES SOBRE VALENCIA

ED. PERELLÓ
LLIBRES ACADÈMICS

La Colección Llibres Acadèmics está destinada a la difusión de estudios, monografías, libros divulgativos, ensayos y textos de perfil académico.

Entre sus publicaciones más recientes destacan: *Curiosidades sobre Valencia*, de Ismael Martí; *Historia esencial de Valencia*, de Enrique Gallud; *Valencianos inmortales*, de Alejandro Alcalá, entre otros.

ISMAEL MARTÍ

Curiosidades *sobre* Valencia

EDICIONS PERELLÓ

© Del texto: Ismael Martí
© Diseño de cubierta: José Cazorla
© Ed. Perelló, SL, 2024

Calle de la Milagrosa N° 26, Bajo
46009 - Valencia
e-mail: info@edperello.es
http://edperello.es

I.S.B.N.: 978-84-10227-90-3
Depósito legal: V-1339-2024

Impreso en España

Este libro ha sido impreso en papel
ecológico procedente de bosques sostenibles.

ÍNDICE

AMANECER EN VALENCIA

Estas rachas de marzo, en los desvanes
-hacia la mar- del tiempo; la paloma
de pluma tornasol, los tulipanes
gigantes del jardín, y el sol que asoma,
bola de fuego entre dorada bruma,
a iluminar la tierra valentina...
¡Hervor de leche y plata, añil y espuma,
y velas blancas en la mar latina!
Valencia de fecundas primaveras,
de floridas almunias y arrozales,
feliz quiero cantarte, como eras,
domando a un ancho río en tus canales,
al dios marino con tus albuferas,
al centauro de amor con tus rosales.

Antonio Machado

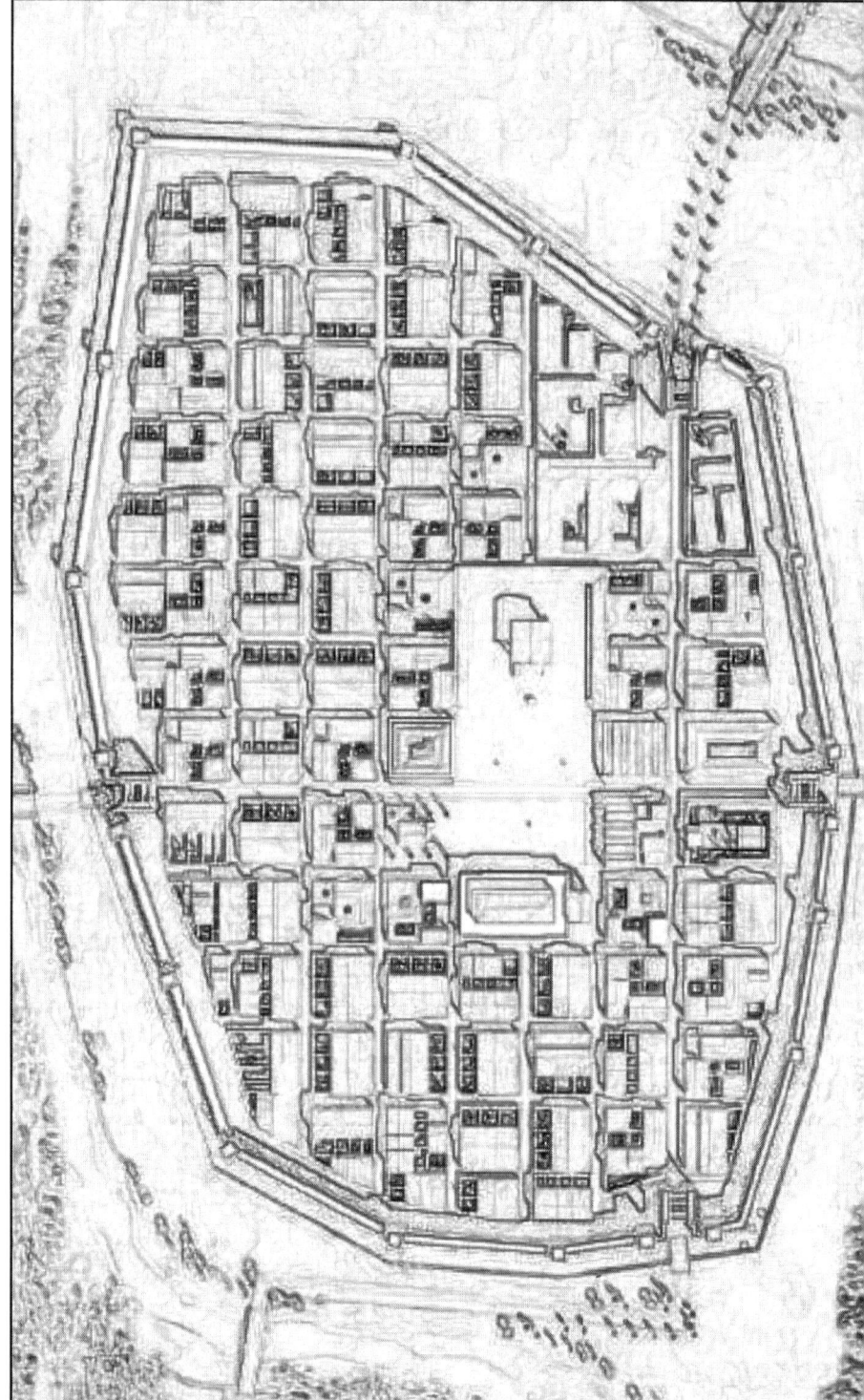

El origen del nombre de Valencia

La ciudad de Valencia como tal fue fundada por los romanos bajo el nombre de Valentia, que proviene del latín "valentía", ya que en este poblado se asentaron los soldados veteranos del Imperio Romano, reconocidos como los más valientes.

La ciudad sufrió guerras y crisis, pero se mantuvo como un importante enclave en el Mediterráneo y creció gracias a la construcción del foro, el circo y un puerto fluvial. Con los años continuó progresando incluso tras la caída de Roma.

Cuando los musulmanes invadieron la Península Ibérica, la ciudad pasó a llamarse Balansiya, hasta que el Cid Campeador, aprovechando la inestabilidad política de los reinos musulmanes, la sitió y conquistó.

Más tarde, Valencia volvió a manos de los musulmanes y posteriormente fue reconquistada por los cristianos. Cuando Jaime I tomó la ciudad, dictó nuevas leyes, Els Furs, que se hicieron extensivas a todo el Reino de Valencia.

Centro Arqueológico de la Almoina

El origen de Valencia está en la Almoina, cuyo museo permite un viaje en el tiempo por la historia de la ciudad. En época romana, hacia el 138 antes de Nuestra Era, aquí se fundó la ciudad romana de Valentia Edetanorum. En ese momento, la plaza era el foro de la ciudad, y en ella se encontraban importantes edificios públicos, como el templo de la diosa Ceres y la curia.

Tras la caída del Imperio Romano en el siglo V, el gobierno de Valentia pasó a los visigodos. Durante esta etapa, a pesar de que todavía se mantuvo el trazado de las calles de la época romana y sus sólidos edificios, el aspecto de la ciudad cambió por la impronta cristiana. En la Almoina, zona principal de la ciudad, el antiguo foro y su entorno se transformó en conjunto episcopal, presidido por una catedral, rodeada de iglesias, palacios, cementerios y antiguos edificios romanos todavía en pie, que conforman lo que sería la vía principal de la urbe. Durante la época musulmana, la plaza fue el centro de la medina, con la mezquita mayor y el mercado.

Con la conquista cristiana, se convirtió en el centro religioso de la ciudad, con la construcción de la catedral y el palacio arzobispal. En el siglo XVIII, se construyó la Casa de la Beneficencia, que actualmente alberga el Museo de la Almoina, donde se pueden ver los restos arqueológicos que nos hablan de las diferentes etapas históricas de la ciudad de Valencia.

La Luna de Valencia

¿Te han dicho alguna vez que "estás en la Luna de Valencia"? Esta expresión es equiparable a "estar en las nubes", es decir, despistado o distraído.

La popular frase tiene un origen histórico, ya que en la época en la que la ciudad estaba rodeada por una enorme muralla y sus puertas se cerraban a una hora concreta, si alguien llegaba demasiado tarde no le permitían entrar hasta el día siguiente. Y se quedaba a pasar la noche fuera, bajo la Luna o, como dice la graciosa expresión: "En la Luna de Valencia".

EL CID Y LA CONQUISTA DE VALENCIA

En el siglo XI la Península Ibérica estaba dividida entre reinos cristianos y territorios musulmanes. Valencia permanecía bajo el dominio musulmán y fue Rodrigo Díaz de Vivar, conocido como el Cid Campeador, quien consiguió conquistarla en el año 1094, después de muchos meses de asedio.

Según una leyenda, durante una batalla en que los ejércitos musulmanes unidos pretendían reconquistar la ciudad, hirieron de muerte al Cid, pero sus compañeros, sabiendo del temor que infundía el Campeador a sus enemigos, le pusieron su armadura y lo subieron a lomos de su caballo Babieca, atando el cuerpo para que pareciera que cabalgaba al combate.

Cuando los musulmanes vieron al Cid avanzar hacia ellos, con su espada y al galope, se retiraron aterrados. Y así fue como el Cid Campeador ganó su última batalla incluso después de muerto.

1. Portal Nou o de San José
2. Portal de La Corona o de Los Tintes
3. Portal de Quart
4. Portal del Cojo o de Los Dieciséis Clavos
5. Portal de Torrente o de Los Inocentes
6. Portal de San Vicente
7. Portal de Ruzafa
8. Portal de Los Judíos
9. Portal de La Mar
10. Portal del Real
11. Portal de La Trinidad o de Los Catalanes
12. Portal de Los Serranos

La muralla medieval de Valencia

Valencia estuvo rodeada hasta el siglo XIX por una muralla que protegía la ciudad, ahora Ciutat Vella, como se conoce el centro histórico de la urbe. Sin embargo esta última muralla no fue la primera que se levantó en Valencia, antes hubo otras dos más: una romana y otra musulmana.

Aunque la muralla medieval cristiana ya ha desaparecido, todavía podemos ver restos en uno de los laterales de las Torres de Quart. Esta última muralla fue levantada por orden de Pedro El Ceremonioso y derribada por mandato del que fuera Gobernador Civil de Valencia, Cirilo Amorós. Tenía 4 grandes puertas: la de Quart y Los Serranos, es decir la del norte y la del oeste; la puerta de La Mar, que estaba orientada al este; y la de San Vicente, mirando al sur.

Eso sí, había otras puertas menores, un total de 8: de los Judíos, de Ruzafa, de Torrente, del Cojo, de La Corona, de la Trinidad, Portal Nou y Puerta del Real.

La paella

La paella en su origen no es el plato de arroz tan famoso y sabroso que todos conocemos y que es muy popular dentro y fuera de Valencia. Inicialmente era el nombre que se daba a una sartén muy grande, con poca profundidad y de dos asas, a la que ahora llamamos "paellera". Por extensión, poco a poco, al plato de arroz que se cocinaba en esa sartén se le llamó también "arroz a la paella" o simplemente "paella".

Las fallas y su Museo

En valenciano medieval la palabra falla es un diminutivo de fax, "antorcha", y nombraba a los hachones que se colocaban en lo alto de las torres de vigilancia.

Hoy las fallas son Patrimonio Cultural Inmaterial de la Humanidad, pero su origen fue muy humilde. Se dice que se iniciaron cuando los carpinteros de la ciudad de Valencia decidieron quemar los retazos de madera y muebles defectuosos, celebrando la llegada de la primavera, la noche del 19 de marzo.

Estos carpinteros que quemaban frente a sus talleres las piezas de madera (parots) iniciaron una tradición que hoy es mundialmente conocida y de gran popularidad. Los montones de madera fueron evolucionando hasta convertirse en piezas elaboradas artísticamente y grandes obras escultóricas que se diseñan y construyen durante todo el año.

En el Museo Fallero se exhiben los ninots indultados. Los más antiguos que se conservan son de 1934. Cada año el público vota por "indultar" o perdonar una falla, que se guarda en el museo. Es muy curioso observar la evolución de los ninots desde inicios del siglo XX hasta nuestros días.

También se exhiben viejos carteles, insignitas, trajes y muchos otros objetos relacionados con las fiestas falleras. Su sede es el antiguo convento de la Casa Misión de San Vicente de Paúl.

Las Torres de Quart

Esta puerta de entrada de la antigua muralla de Valencia ha tenido diferentes nombres a lo largo de la historia. Durante un tiempo, fueron conocidas como las Torres de la Cal, por la piedra caliza que entraba en la ciudad por ese acceso.

El nombre actual, Torres de Quart (o Cuart), con el que se le ha conocido durante la mayor parte de su historia, proviene de la posición y dirección en que están situadas. Orientada hacia el oeste, la puerta era la principal vía de paso hacia los pueblos y ciudades del interior de España. Y el pueblo de Cuart de Poblet era uno de los más cercanos a Valencia desde este punto.

Los muros del lado oeste de las torres presentan diversos agujeros, se trata de las marcas que dejaron las balas de los cañones franceses en 1808. Durante la guerra de la Independencia española, Valencia fue asediada y las Torres tuvieron que resistir los bombardeos de las tropas napoleónicas, que buscaban establecer el dominio francés en España.

Valencia también fue la capital de España

Fue en la II República, durante 11 meses. Concretamente desde el 7 de noviembre de 1936 al 6 de octubre de 1937. Ese año el presidente Largo Caballero y todo su equipo emprendieron un viaje a tierras valencianas para proteger al gobierno frente al asedio de las tropas franquistas a Madrid en plena Guerra Civil.

Valencia se transformó en el centro de atención de un país que vivía las horas más complicadas de su historia. La mudanza del poder ejecutivo y legislativo de la República ocurrió de la noche a la mañana y la actual sede de les Corts, el Palacio de los Borja, se erigió como centro de operaciones republicano.

Como símbolo y centro de la resistencia republicana, Valencia también acogió gran parte de los movimientos culturales de la época. En julio de 1937 celebró el II Congreso Internacional de Escritores para la Defensa de la Cultura, lo que se tradujo en visitas de artistas de reconocido prestigio internacional como Pablo Neruda, Octavio Paz, Ernest Hemingway, John Dos Passo, André Malraux, Antonio Machado o León Felipe, entre otros.

Las Torres de Serranos y su gran tesoro

Durante la Guerra Civil (1936-1939), como se vio que el Museo del Prado estaba en peligro y podía sufrir bombardeos, se decidió transportar gran parte de sus obras más valiosas a otros puntos de la geografía española, para salvaguardarlas.

Dentro de este plan se incluyó la obra más famosa de Velázquez: "Las Meninas". Este cuadro, junto con otras piezas pictóricas, viajó desde Madrid a Valencia. Para protegerlo de los bombardeos, se decidió guardarlo en las Torres de Serranos, ya que se consideró que, en caso de bombardeo, el cuadro se mantendría a salvo. De ahí que estas grandes torres que sirven de entrada al casco antiguo de la ciudad fueron guardianes de "Las Meninas" entre 1936 y 1937.

El murciélago

El escudo de Valencia tiene un murciélago que se apoya sobre una corona. Los murciélagos han estado siempre presentes en la urbe valenciana, aparecen en su arquitectura y son símbolos de la ciudad.

Según una vieja leyenda, Valencia estaba tomada por los musulmanes, y los murciélagos volaban a sus anchas porque los domesticaban para que se comieran los mosquitos y que no les picasen. Un profeta musulmán aseguró que cuando los murciélagos fuesen cazados, Valencia caería en manos cristianas.

Una noche, mientras los musulmanes estaban emboscados para atacar al ejército del rey Jaume I el Conquistador, acampado junto al río Turia, un murciélago entró en la tienda del monarca despertándolo con su aleteo y se acercó al casco del rey Jaume I, confundiendo al dragón que lo decoraba con un gran mosquito, así que el rey pudo atraparlo y alertar a tiempo a sus tropas sobre la cercanía del enemigo.

Allí mismo tuvo lugar una gran batalla en que los musulmanes fueron derrotados. Al día siguiente, Jaume I entró en la ciudad con su ejército. La leyenda dice que el rey decidió entonces cambiar el escudo de Valencia y añadir un murciélago sobre la corona.

La Catedral

La Catedral de Valencia es un edificio de gran belleza y valor artístico. En su interior se guardan numerosas reliquias. Entre sus tesoros se encuentran el cáliz de Cristo, dos cuadros de Francisco de Goya y pinturas de grandes maestros del arte.

La catedral se construyó encima de la antigua mezquita de la ciudad, pero antes esa mezquita se edificó sobre otra añeja iglesia visigoda. Y esta última se aprovechó de un templo romano como base.

San Vicente Mártir, el patrón de Valencia, fue torturado por orden del emperador romano Diocleciano y la Catedral de Valencia guarda una de las reliquias que recuerdan al santo: su brazo izquierdo incorrupto. Está en una urna detrás del Altar Mayor.

Los actuales frescos del Altar Mayor estuvieron escondidos durante siglos desde que en 1674 se optó por taparlos para darle más protagonismo al retablo de plata. Estos frescos son una verdadera joya, ya que pueden tratarse de una de las primeras obras del Renacimiento.

EL SANTO CÁLIZ

El Santo Cáliz es probablemente una de las reliquias cristianas más famosas en todo el mundo. Según la tradición religiosa, el Cáliz es la copa de la que bebió Jesús en la Última Cena.

Muchos lugares del mundo han proclamado ser el hogar del Santo Grial. Sin embargo, desde la época medieval, el cáliz de Valencia ha sido reconocido por la Iglesia Católica Romana como el que fue utilizado en la Última Cena.

La copa que se puede ver en la Capilla del Santo Cáliz de la Catedral se compone de tres partes: el Santo Cáliz propiamente dicho, en la parte superior, el pie de la copa y los adornos. Los estudios arqueológicos nos dicen que el origen de la reliquia se remonta a un taller de Egipto, Siria o la propia Palestina, entre el siglo IV a.C. y el siglo I d.C.

La historia de cómo llegó el cáliz a la Catedral de Valencia es muy debatida, y existen diferentes versiones. La más aceptada dice que la copa utilizada por Jesús fue llevada de Jerusalén a Roma por San Pedro, donde quedó en manos de los distintos papas gobernantes. En el año 258, el diácono del Papa llevó la copa a Huesca (en Aragón) para protegerla. Después, el cáliz pasó de mano en mano y se escondió en varios monasterios y ciudades de la región a lo largo de los siglos hasta que, en la década de 1400 llegó a Valencia, a manos del rey Alfonso V de Aragón.

La torre del Miguelete

El campanario de la Catedral (Campanar Nou de la Seu, en valenciano) es conocido como Micalet o Miguelete. El nombre deriva de la campana colocada en lo alto de la torre, llamada Miquel o Miguel, que pesa más de 7 toneladas y es una de las más grandes de España.

La campana en sí recibió el nombre del santo al que le fue encomendado salvaguardar la ciudad de los males y los desastres.

Cuenta una anécdota de 1459 que durante una de sus reformas, el maestro cantero Francisco Baldomar, poseía un burro en un cobertizo cercano y unos bromistas se aprovecharon del carácter confiado del cantero para sacar al burro del cobertizo y subirlo a lo más alto de la terraza de la torre. Muchos se espantaron porque pensaban que aquello era obra del demonio, pero luego se descubrió la verdad y tuvieron que acudir unos marinos para bajar al animal con un sistema de poleas.

LA IGLESIA DE SANTA CATALINA

La iglesia de Santa Catalina y su torre son probablemente dos de los monumentos más fotografiados de Valencia. Se levantó en el barrio de La Seu, en la actual plaza Lope de Vega, sobre una mezquita árabe anterior.

A sus pies alberga todo tipo de comercios y restaurantes transitados a diarios por locales y turistas. Sin embargo, una de las cosas que más llama la atención de quienes la visitan es su fachada exterior. No es fácil darse cuenta a simple vista, pero los muros tapiados que dan a la plaza Lope de Vega se cerraron con restos de piezas góticas de la iglesia, rotas en mil pedazos, entre las que se encuentra la cabeza de un obispo.

La Iglesia San Nicolás

Esta iglesia es un ejemplo del gótico del siglo XV, pero decorado con el estilo barroco del siglo XVII. Fue restaurada en el año 2016 y desde entonces luce en todo su esplendor y con razón es conocida como la Capilla Sixtina Valenciana, gracias a sus impresionantes frescos que adornan techos y paredes.

El trabajo de restauración no sólo fue realizado en los frescos, sino también en otros componentes de la iglesia, como las capillas, las fachadas y las vidrieras. Aunque la iglesia mantiene oficialmente el título de San Nicolás de Bari y San Pedro Mártir, se la conoce popularmente como iglesia de San Nicolás.

El propio San Nicolás es conocido como San Nicolás de Mira (el lugar de su muerte y donde ejerció su oficio, en lo que hoy conocemos como Turquía) o San Nicolás de Bari (el lugar donde se trasladaron sus restos tras su muerte, en Italia). En Occidente se le identifica como este último. Debido a los numerosos milagros que se le atribuyen, también se le llama Nicolás el Maravilloso.

Se sabe que durante su vida ejerció como obispo y tras su muerte en el año 345, se convirtió en la inspiración de Papá Noel. El cambio de nombres se debe a un aspecto lingüístico, Sankt Niklaus, con origen en el idioma alemán y del holandés Sinterklaas, que derivó en Santa Claus.

San Vicente Mártir

San Vicente es el patrón de la ciudad, nombrado por Jaime I. Este santo fue mandado martirizar por el gobernador romano de Valencia en el siglo IV, en un potro de tortura, siendo su cuerpo desgarrado con uñas metálicas para hacerle renegar de su fe. Pero el Santo ni con amenazas ni con torturas adjuró de Cristo y los romanos lo colocaron sobre un lecho de hierro incandescente, hasta que terminaron arrojándolo a un calabozo.

Entonces se produjo un milagro, un coro de ángeles iluminó el sitio y el suelo ensangrentado se llenó de flores. El gobernador romano mandó a que le curaran las heridas para seguir torturándolo, pero Vicente murió. Lo descuartizaron para evitar su veneración por los cristianos y arrojaron las partes desmembradas de su cuerpo al mar; en cambio, las olas devolvían una y otra vez el cuerpo a tierra.

Sus reliquias fueron conservadas ocultas por los cristianos y protegidas en tiempos de la dominación árabe. En 1104 el obispo de Valencia se marchó a tierra santa llevándose consigo el brazo izquierdo del santo, y al morir de forma inesperada en Bari, Italia, quedó junto con él la reliquia, que en el año 1970 por fin fue llevada a la Catedral de Valencia donde permanece expuesta.

SAN VICENTE FERRER

Mil años después de San Vicente Mártir, en 1350, aparece en Valencia un predicador al que se le atribuyen numerosos milagros y que termina siendo también santo patrono de la Ciudad de Valencia, San Vicente Ferrer.

En la catedral de Valencia se conserva el púlpito gótico desde donde enseñaba, así como su biblia personal, dos huesos del dedo y unos cuantos cabellos. Sus milagros son representados por niños, el lunes siguiente al de pascua, en las calles donde sucedieron. Pero quizás lo más curioso que dejó este santo sea la pila bautismal que existe aún hoy en día, en la Basílica de San Esteban de Valencia. Según cuenta la tradición popular los niños que son cristianizados allí no morirán de muerte violenta, por lo que muchos padres solicitan que sus hijos sean bautizados en esta iglesia.

Calixto III

Calixto III y Alejandro VI procedían de lo que anteriormente era el Reino de Valencia, de la Casa de los Borja —en italiano Borgia—, con origen en el pueblo aragonés de Borja, que se establecieron en Xàtiva y más tarde en Gandía.

Calixto III (Alfonso Borja) nació en Xàtiva en 1378 y murió en Roma en 1458. Fue Papa de la Iglesia católica de 1455 a 1458. Miembro de la influyente familia Borja fue nombrado obispo de Valencia en 1429 y en 1444 obtuvo el capelo cardenalicio.

Cuando fue elegido Papa, con el nombre de Calixto III, Alfonso Borja tenía ya una edad muy avanzada. El mismo año de su elección promulgó una bula en la que predicaba la cruzada contra los turcos, que dos años antes se habían apoderado de Constantinopla. También inició la revisión del proceso contra Juana de Arco y canonizó a San Vicente Ferrer.

Alejandro VI

Alejandro VI (Rodrigo Borgia) nació en Játiva en 1431 y murió en Roma en 1503. Hizo una rápida carrera eclesiástica a base de intrigas, bajo la protección de su tío, el papa Calixto III.

Fue nombrado Papa en 1492, lo que desencadenó una fuerte oposición en Roma, tanto por su condición de extranjero como por su vida licenciosa (había tenido cuatro hijos con su amante más conocida, entre los que figuraban César y Lucrecia Borgia). Esta hostilidad explicaría la leyenda negra que se creó alrededor de su figura.

Alejandro VI puede ser considerado un prototipo de príncipe del Renacimiento, que unía a su estilo de vida lujoso y corrompido la protección de las ciencias y las artes. Su actividad como mecenas fue clave, protegió a artistas tan famosos como Miguel Ángel, Tiziano y El Bosco. Pero el mecenazgo más destacado de los Borgia fue al pintor, inventor y científico Leonardo da Vinci, quien diseñó numerosas máquinas de guerra para el ejército papal.

El "antipapa" de Peñíscola

El Papa Luna se llamaba Don Pedro Martínez de Luna y nació en Illueca, una pequeña población aragonesa. Empezó carrera militar y estudió derecho canónico en la localidad francesa de Montpellier, donde acabaría siendo doctor.

En 1375 se le nombró cardenal diácono y viajó con el papa Gregorio XI de Aviñón a Roma. Al morir Clemente VII, los cardenales de Aviñón eligieron a Pedro de Luna para sucederle, con el nombre de Benedicto XIII, en 1394. Luna se negó entonces a seguir la Via Cessionis que antes había preconizado, consistente en la renuncia simultánea de ambos papas para que el Colegio cardenalicio eligiera a un tercero y terminar con el cisma. Perdió el apoyo de Francia pero se ganó a Aragón, Castilla, Navarra y Portugal para el bando antipapal.

En 1409 la mayoría de cardenales por los dos bandos enfrentados se pusieron de acuerdo y celebraron un consejo en Pisa, en el que a Benedicto XIII le condenaron por hereje, dada su negativa a renunciar. Pero él era bastante cabezota y siguió firmemente convencido de que era el único vicario de Cristo en la tierra, incluso después de que el Concilio de Constanza resolviera el cisma. Se retiró a Aragón y estableció su modesta corte en la fortaleza valenciana de Peñíscola, donde nunca renunció a su lucha y donde murió en 1422.

El tribunal de las aguas

Es una antigua institución que se encarga de dirimir los conflictos y pleitos derivados del uso y aprovechamiento del agua para riego de las tradicionalmente ocho grandes acequias de la Huerta Valenciana, representadas en la fuente de la Plaza de la Mare de Déu, junto a la catedral.

El Tribunal, formado por un representante de cada una de las Comunidades de Regantes, denominado síndico, se reúne todavía en la Puerta de los Apóstoles de la Catedral, a las doce, todos los jueves del año. Se trata de una tradición probablemente de origen andalusí que se ha mantenido viva hasta nuestros días y que, en sí misma, explica no sólo la relación de los valencianos con un recurso fundamental, el agua, sino su aplicación sostenida a lo largo de los siglos en la huerta valenciana, citada en el Cantar de Mío Cid por su exuberancia y riqueza.

La Iglesia de los Santos Juanes

En valenciano se le conoce como l´església de Sant Joan del Mercat y es una de las más históricas de la ciudad. La podemos encontrar en un lugar envidiable, frente a la Lonja y al lado del Mercado Central. Como muchas iglesias de la época, tiene su origen en una antigua mezquita convertida en ermita en 1240. A causa de diferentes incendios tuvo que ser reedificada en los siglos XIV y XVI. No será hasta el XVII cuando adquiera su aspecto definitivo con un estilo más barroco. El estilo gótico valenciano aún está presente en la nave y el gran óculo cegado, conocido como la O de Sant Joan. En su fachada podemos ver auténticas obras de arte como la escultura de la Virgen del Rosario, realizada por Jacopo Bertesi y la torre del reloj.

En el año 1410, en esta iglesia tuvo lugar el primer sermón de San Vicente Ferrer en la ciudad.

El Pardal de Sant Joanes es otra de sus curiosidades, se llama así a la veleta que se dispuso en lo alto de la fachada, representando al águila de la Apocalipsis. Según la tradición popular, se hacía mirar allí a los niños cuando sus humildes padres los abandonaban en la plaza para que algún comerciante del Mercado Central les alimentara y diera trabajo.

El Mercado Central

El Mercado Central de Valencia es un lugar de culto para los amantes de la gastronomía en pleno corazón de Ciutat Vella, donde sus comerciantes te brindan la oportunidad de sumergirte en ese mundo insólito de sabores, colores y olores que llamamos dieta mediterránea. Se encuentra en la lista de mercados más bonitos del mundo y tiene algo más de 100 años, aunque según la tradición el emplazamiento donde se ubica data de los años de la Valencia musulmana.

Entre sus muchas leyendas destaca la que relata el célebre escritor valenciano Vicente Blasco Ibáñez en su novela Arroz y Tartana. Al parecer, había familias muy humildes que por la precariedad de sus vidas e incierto futuro acudían al mercado para ofrecer alguno de sus muchos hijos a un comerciante que necesitara de un ayudante. En ocasiones el ofrecimiento no tenía respuesta, por lo que el padre se veía obligado a abandonar al pequeño en la puerta de la Iglesia de los Santos Juanes, con la esperanza de que las divinidades le ayudaran. Según cuentan, ante esta situación siempre había algún comerciante de buena fe dispuesto a hacerse cargo del niño, muestra de la hospitalidad de la ciudad.

La Lonja de la Seda

La Lonja de la Seda es uno de los edificios más emblemáticos y carismáticos de la ciudad de Valencia. Ubicado en el corazón de la parte vieja de la ciudad, a pocos pasos del Mercado Central, de las Plazas de la Reina y del Ayuntamiento y en pleno Barrio del Carmen, se levanta desde hace más de 5 siglos. Declarado Monumento histórico artístico nacional en 1931, es el primer monumento de Valencia que fue señalado como Patrimonio de la Humanidad por la UNESCO, en concreto el año 1996.

Este edificio tan hermoso se empezó en 1492 y en su construcción se quiso plasmar la riqueza de la Valencia de estos siglos, queriéndose mostrar el alcance de la revolución comercial de la ciudad y su desarrollo en esta parte de la Edad Media. Se llama Lonja de la Seda porque por aquel entonces eran los mercaderes de la seda el gremio más fuerte de Valencia y lo fueron hasta bien entrado el siglo XVIII. Además, como anécdota, fueron sederos judíos sus primeros gestores, que se tuvieron que convertir al cristianismo para no ser expulsados de su amada ciudad de Valencia.

Baños Árabes del Almirante

Los baños del Almirante o Banys de L´Almirall se encuentran situados junto al Palacio de los Almirantes de Aragón, en pleno centro de Valencia. Fueron construidos entre 1313 y 1320 por Pere de Vilarasa, un jurista y caballero durante el reinado de Jaime II.

A pesar de ser unos baños árabes la edificación es medieval y de la época cristiana, época en que estaban destinados como baños públicos. En el siglo XIX se efectuaron importantes obras de renovación y se dotó al edificio de un aspecto de estilo neonazarí. En el año 1959, los baños se cerraron al público después de más de seis siglos en funcionamiento, y posteriormente volvieron a abrirse renovados. Esto los convierte en uno de los pocos baños árabes de España que se han mantenido en activo desde su creación hasta la actualidad.

La Plaza de la Reina

La Plaza de la Reina es una de más famosas y concurridas de Valencia. Su construcción es relativamente contemporánea. En 1878 se realizó al derribar una manzana de casas que tenía forma triangular y que se situaba casi en mitad del emplazamiento.

Aunque la conocemos como Plaza de la Reina, su nombre completo es Plaza de la Reina María de las Mercedes, ya que fue nombrada así en honor de la popular esposa de Alfonso XII. Esa plaza es el auténtico Kilómetro 0 de Valencia. De ella parte (y no de la Plaza del Ayuntamiento) la numeración de las calles de la ciudad. Y también es el kilómetro 0 de las carreteras radiales que son competencia de la Generalitat Valenciana.

La Plaza del Ayuntamiento

Construida sobre un antiguo monasterio, la Plaza del Ayuntamiento es la mayor del centro de Valencia. A lo largo de las décadas, numerosas reformas y cambios en su aspecto terminaron por convertirla en un punto de referencia de la vida valenciana y en el cruce de muchas de las principales calles de la ciudad.

Esta Plaza es el escenario principal de las "fallas" y en ella se celebran eventos especiales como la feria de Navidad. Durante todo el año alberga el Mercado de las Flores, que hacia 1924 constaba de varios puestos con techos en forma de setas que le daban un aspecto similar al del universo de Alicia en el País de las Maravillas, haciéndola parecer un pequeño bosque de setas; hasta que se remodeló y se diseñaron nuevos puestos de ventas de flores bajo la plaza y posteriormente en la zona superior.

El Mercado de las Flores se encuentra actualmente ubicado en la superficie, en puestos que se asemejan a quioscos de prensa.

Palau de la Generalitat Valenciana

El Palau de la Generalitat Valenciana es uno de los edificios más emblemáticos de la ciudad de Valencia. La construcción del palacio de los duques de Gandía, en el siglo XV, corresponde a una época de esplendor tanto económico como cultural, así como un importante aumento demográfico de la ciudad de Valencia. Desde su construcción, ha sido la sede del gobierno valenciano y hoy en día es uno de los principales atractivos turísticos de la ciudad.

Uno de los elementos más característicos del Palau de la Generalitat Valenciana es su reloj. Situado en la fachada principal, este reloj fue construido en 1459 y es uno de los más antiguos de España. Aunque ha sufrido diversas restauraciones a lo largo de los siglos, sigue funcionando con precisión y es una de sus principales atracciones turísticas.

La Sala de los Reyes es una de las estancias más impresionantes del Palau de la Generalitat Valenciana. Esta sala fue construida en el siglo XV y destaca por su impresionante techumbre de estilo gótico-mudéjar. En ella se han celebrado importantes reuniones y ceremonias, como la jura de los reyes de Valencia.

La Plaza de Toros

La Plaza de Toros es uno de los bienes patrimoniales más importantes de la ciudad de Valencia. En ella no solo se celebran corridas de toros, sobre todo en Fallas, sino también conciertos, exhibiciones o ferias. Es propiedad del Hospital General de Valencia, ya que sus médicos solicitaron al rey Felipe III los derechos de la Plaza de Toros, aludiendo que el beneficio obtenido en las corridas de toros se podía emplear para los más necesitados. Y el rey aceptó.

En la plaza no solo se celebran corridas de toros sino también los célebres "recortes", una práctica mucho menos estilizada y estandarizada que las corridas habituales, en la que los "recortadores" realizan saltos acrobáticos y destrezas dentro del ruedo brincando sobre los animales. Otro evento muy popular en Valencia es el "toro embolado", muy similar al encierro salvo que se celebra por la noche, y los toros que se sueltan en las calles llevan material inflamable atado a los cuernos.

La Estación del Norte

La Estación del Norte aún conserva el vestigio de lo que fueron los primeros sistemas ferroviarios de España. Si miras con detenimiento, en el techo podrás notar una abertura central en la marquesina, que se usaba para dejar salir el humo de las antiguas locomotoras de vapor y también para dar luz natural al recinto.

La estación está decorada con mosaicos, azulejos, bajorrelieves y ornamentación *Art Nouveau* inspirada en la naturaleza y que representan propiamente a la ciudad de Valencia. En la fachada de la estación destacan las decoraciones cerámicas con naranjas valencianas, uno de los productos más conocidos de la huerta.

En el interior, en la zona del vestíbulo, azulejos pintados a mano simbolizan a los agricultores valencianos, los campos y el folklore local. Un gran panel decora los pasillos y personifica a una fallera con un ramo de flores. Esta imagen se inspira en la cuñada del arquitecto Demetrio Ribes Marco, con los trajes típicos de fallera.

En la fachada, colocada en la cima de la estación, se encuentra la escultura de un águila de hierro, que simboliza la velocidad. Justo debajo del águila, aparece el escudo de Valencia, cuatro barras rojas sobre fondo amarillo, un elemento constante en la decoración del edificio.

La Casa de los Gatos

Una divertida casita con el número 9 en su fachada en la calle Museo del barrio El Carmen hace las delicias de los visitantes. Es un semirelieve en el que destaca también la típica combinación de azulejos que alude a la entrada del Cid Campeador en la ciudad y a la expresión 4 gats.

La gatera tiene su puerta siempre abierta y sirve para que los felinos de la barriada entren y salgan del solar adyacente donde se les alimenta. Esta casa en miniatura fue construida en memoria de cuatro gatos y exhibe una inscripción en azulejos que dice: "A la memoria dels cuatre gats que quedaren al Barri del Carme l'any MXCIV. Mai se les va a sentir un mia mes alt que altre". Esta inscripción hace referencia a la entrada del Cid en Valencia y a la superstición de los cristianos de esa época respecto a los gatos, a quienes se consideraba animales diabólicos.

Puente de la Trinidad

Este es el puente más antiguo de la ciudad, data de 1407 y fue bautizado debido a su cercanía con el monasterio de la Trinidad. También fue el primero levantado en piedra y se reedificó en el siglo XVI. De estilo gótico, cuenta con diez grandes arcos apuntados, está adornado desde 1942 por varias representaciones con firma italiana de San Luis Bertrán y Santo Tomás de Villanueva, que primeramente habían sido colocadas en el puente de San José hasta 1906.

En el año 1517, una de las más catastróficas riadas del Turia destrozó algunas de las humildes pasarelas de mampostería que permitían el paso a la ciudad, entre ellas la de Serranos. Un año después se inició la construcción de un puente con el mismo nombre. En el año 2012 el Consistorio peatonalizó totalmente el puente en cuyo extremo se realiza la tradicional y multitudinaria Crida: el momento en el que queda inaugurado oficialmente el periodo de festejos falleros.

Puente de las Flores

Este puente, diseñado por Santiago Calatrava, nació con la idea de rendir homenaje a la ciudad tomando como inspiración una frase de su himno: "Valencia es la tierra de las flores, de la luz y del amor".

Desde su construcción, siempre ha estado lleno de geranios, murcianas, flores de pascua y otros tipos de plantas coloridas. Las flores se cambian según la temporada y las festividades que se celebren en la ciudad.

Durante la visita del Papa Benedicto XVI a la ciudad, en 2006, se cambiaron todas las flores (habitualmente de color rojo) por blancas y amarillas, como homenaje a la bandera de la Ciudad del Vaticano.

El cauce del río Turia

Antiguamente, el cauce del río Turia cruzaba el centro de la ciudad de Valencia, de ahí la existencia de numerosos puentes que conectan un lado de la ciudad con el otro.

La urbe valenciana sufrió a lo largo de su historia muchas inundaciones debido a las crecidas del Turia, hasta que en 1957 se produjo una enorme inundación que afectó edificaciones y entonces se decidió desviar el cauce del río por fuera de la ciudad.

La cuestión era qué hacer con ese espacio que quedaba libre en pleno centro. En principio, se pensó hacer una gran carretera. Sin embargo, a los vecinos no les pareció buena idea, por lo que salieron a la calle a protestar y gracias a la presión cívica de los pobladores de Valencia en el antiguo cauce del río se creó el Jardín del Turia, considerado el mayor jardín urbano de España.

Son el gran pulmón verde de Valencia, el lugar donde salir a correr, encontrarte con amigos o parque de paso para visitar espacios tan emblemáticos como la Ciudad de las Artes y las Ciencias. Actualmente los valencianos y visitantes disponen de 7 kilómetros de recorrido, divididos en 12 tramos, donde no faltan huertos, puentes, estanques, zonas infantiles y terrazas para tomar el aperitivo.

LA ALBUFERA DE VALENCIA

L'Albufera es un topónimo que proviene del árabe Al Buhaira que es diminutivo de Al Bahr, el mar.

En 1902, el escritor valenciano Vicente Blasco Ibáñez escribió la novela Cañas y barro, ambientada en la Albufera de principios de siglo XX y que le dotó de una gran popularidad, ya que fue traducida a varias lenguas e inspiró películas y series televisivas.

Separada del mar por una estrecha barra litoral o restinga arenosa, con dunas estabilizadas por un bosque de pinos llamado Dehesa del Saler, el origen del lago de la Albufera se remonta a comienzos del Pleistoceno, donde poco a poco se fue cerrando una antigua bahía como consecuencia del hundimiento de la llanura valenciana. El lago de La Albufera es el más grande de España y un sitio ideal para disfrutar de la naturaleza.

LA PLAYA DE LA MALVARROSA

La playa más famosa de Valencia es la de la Malvarrosa. Cuando el Cabanyal era una zona de marjal, el botánico francés Jean Félix Robillard Closier, que por entonces colaboraba en el espectacular Jardín Botánico de Valencia, transformó esta área pantanosa en fértiles huertos donde cultivaba las flores conocidas popularmente como malvarrosas (Alcea Rosea), utilizándolas para crear aceites esenciales en una fábrica que instaló muy cerca de los campos. Estas flores dieron nombre desde entonces a la popular playa de Valencia.

Los Jardines del Real o Viveros

Este parque tiene su origen en los huertos aso-
ciados a la almunia, o palacio de recreo, mandado construir por los reyes de la taifa de Valencia
y ampliados posteriormente como jardines del
antiguo Palacio Real de la ciudad.

Después del derribo del palacio fueron usados
como viveros municipales, hasta convertirse en
un lugar indispensable de esparcimiento de los
ciudadanos. Debido a las vicisitudes históricas
acaecidas, en este lugar han venido a parar muchas piezas desechadas, desde portadas de iglesias y palacios, hasta columnas y cruces, y varios pedazos de historia dedicados al ornato de
la ciudad.

Un paseo por sus fuentes monumentales, sus
palmeras centenarias, sus numerosas esculturas, casas de pájaros de los años 30 del siglo XX,
estanques y extensas arboledas, completan un
jardín que conserva joyas como la Alquería de
Canet, modelo típico de la arquitectura rural valenciana; o la del Jardinero Mayor de la Ciudad,
hoy reconvertida en oficinas municipales.

BIOPARC

Cuando el visitante entra en el Bioparc es como si accediese a la casa de los animales, porque su diseño está concebido sin barreras para dar la sensación de que nos adentramos en el hábitat del animal.

Está especializado en fauna africana y dividido en cuatro zonas: sabana seca, sabana húmeda, bosques del África ecuatorial y Madagascar. Ocupa 100.000 metros cuadrados y alberga a más de 800 ejemplares de 116 especies diferentes del continente africano. Tiene restaurante, tiendas de regalos y una sala de cine para divulgar sus objetivos. Se basa en el concepto de zooinmersión, ya que el objetivo de sus instalaciones es que los visitantes se acerquen a los animales como si estuvieran en aquellos lugares originarios de las especies. Por eso, el parque se diseñó con recintos multiespecie y sin barreras visibles, lo que permite contemplar los diferentes espacios como ocurre en la naturaleza salvaje.

Palau de la Música

El denominado Palau de la Música, situado en el Jardín del Turia, sorprende externamente con una arquitectura basada en el hierro y en el cristal. Como si de un gran invernadero se tratase, ofrece un espacio magnífico para escuchar a grandes artistas y orquestas, sobre todo de música clásica.

Fue inaugurado en 1987 y de su diseño se encargó José María García Paredes, Premio Nacional de Arquitectura en 1956. El edificio está rodeado de bonitos jardines y exhibe una enorme fuente a sus pies, por lo que compite con la propia Ciudad de las Artes y las Ciencias como el principal protagonista al dar un paseo por los Jardines del Turia. Este auditorio, de excelente acústica, es además la sede de la Orquesta de Valencia y de la Banda Municipal de Valencia.

Museo de Bellas Artes

El Museo de Bellas Artes de Valencia merece una visita tanto por el bello edificio que ocupa como por el valor de sus colecciones. Las salas expositivas de este museo se encuentran en torno al claustro del antiguo Colegio seminario de San Pío V.

Dispone de unos importantes fondos compuestos por esculturas, grabados, dibujos, fotografías, artes decorativas y algunas piezas arqueológicas. En sus salas encontramos obras de artistas valencianos como Sorolla –que cuenta con cuatro salas–, Joan de Joanes, Pinazo, los Ribalta y Vicente López. Cuando lo visites trata de no perderte tampoco el "Autorretrato" de Velázquez y algunos lienzos de El Greco, Van Dyck o José de Ribera.

La Ciudad de las Artes y las Ciencias

La Ciudad de las Artes y las Ciencias es uno de los espacios más espectaculares de España y de Europa. Cuenta con seis singulares edificios, lagos de aguas turquesas, jardines exóticos, discotecas… Entre sus edificaciones más emblemáticas se encuentran El Hemisfèric y El Oceanogràfic.

El Hemisfèric fue el primero de los seis edificios de la Ciudad de las Artes y las Ciencias en ser inaugurado, en 1998. Por fuera vemos una cubierta ovoide de más de 100 metros de longitud, mientras que dentro se puede encontrar una gran pantalla cóncava de 900 metros cuadrados que compone la mayor sala de proyecciones del país. En su exterior, se representa como un gran ojo humano, metáfora de la mirada del mundo a través de sus impresionantes proyecciones. En su interior recoge tres sistemas de proyección de cine en gran formato: IMAX Dome, Cine digital 3D y proyecciones digitales.

El Oceanogràfic alberga uno de los acuarios más grandes del mundo. Recrea los diferentes hábitats marinos (mares y océanos de aproximadamente unos 100.000 m^2).

Puente de l'Assut de l'Or

Este moderno puente comunica la Avenida de Francia con la Autovía del Saler, y se sitúa entre el Museo Príncipe Felipe y el Oceanográfico de la Ciudad de las Artes y las Ciencias. Realizado de 2004 a 2008 por el arquitecto valenciano Santiago Calatrava, se trata de un puente atirantado de hormigón blanco y acero, de 180 metros de longitud, 39 metros de ancho y un mástil curvado de 125,62 metros de altura, lo que hace que se convierta en la estructura más alta de la ciudad de Valencia.

El mástil, por medio de 29 cables en forma de arpa, aguanta un tablero con tres carriles para cada sentido de la circulación, además de los correspondientes pasos para peatones.

El nombre "L'Assut d'Or", en castellano "Azud de oro", es un homenaje a este tipo de estructuras o pequeñas presas que permitían elevar el nivel del agua del río Turia para regar las huertas de Valencia.

Puerto de Valencia

El Puerto de Valencia es uno de los más importantes de Europa. Su origen se remonta a 1491, la época en que el rey Fernando el Católico otorgó un privilegio al caballero valenciano Antoni Joan, por el que comienza la explotación portuaria.

Este puerto comercia con América desde 1791, ya que en la época de la colonización de América todos los privilegios correspondían al reino de Castilla, y hasta ese año el puerto de Valencia no pudo abrirse al Nuevo Mundo y sus riquezas. Será a partir de ese momento que se desarrolle aún más su infraestructura.

El Puerto de Valencia es un espacio urbano revitalizado durante la década inicial del presente siglo para la celebración de eventos como la Copa América de Vela o el Gran Premio de Fórmula 1. Desde entonces, este lugar se ha convertido en otra alternativa para el ocio y el paseo en la ciudad, con varios restaurantes y locales de copas. El epicentro de la transformación ha sido la marina Rey Juan Carlos I, donde atracan los veleros. También merece la pena disfrutar del Edificio del Reloj, de 1916, que supone la primera visión de Valencia cuando se llega a la capital desde el mar.

Además de mercancías, por este puerto pasan muchos cruceros. Sus modernas instalaciones permiten que atraquen en él barcos de gran tamaño, por lo que es uno de los pocos puertos de España que reciben grandes cruceros.

Historia esencial de Valencia

Enrique Gallud

Abarcando desde la época pre-rromana y la fundación de Valencia en el 138 a. C. hasta nuestros días, esta Historia esencial de Valencia presenta una visión sintética y panorámica a la vez de la génesis y el desarrollo de un pueblo que ha destacado por su cultura, por su arte, por su proverbial alegría y por la afabilidad de sus gentes.

La historia de Valencia y sus ciudades está llena de grandes gestas, de sucesos trascendentes, de personajes ilustres, de hitos culturales y de acendradas tradiciones. En este libro se ha pretendido elaborar una cuidada síntesis de ello, haciéndolo accesible a lectores de toda edad y formación, sin desvirtuar los hechos, sin ignorar lo importante y con el primordial objetivo de realzar y exaltar la vida de un pueblo noble y artístico.

I.S.B.N.: 978-84-10227-98-9

EDICIONS PERELLÓ